24 TABLEAUX

ANCIENS & MODERNES

DÉPENDANT DE LA COLLECTION

De M. SCHARF de Vienne

CATALOGUE

DE

24 TABLEAUX

ANCIENS & MODERNES

ET

2 AQUARELLES

DÉPENDANT DE LA

Collection de M. SCHARF, de Vienne

DONT LA VENTE AURA LIEU

HOTEL DROUOT, SALLE N° 1

Le Samedi 18 Mars 1876,

A DEUX HEURES.

Par le ministère de Me CHARLES PILLET, Commissaire-Priseur,
10, rue de la Grange-Batelière;
Assisté de M. FÉRAL, Peintre-Expert, 54, rue du Faubourg-Montmartre,
Chez lesquels se trouve le présent Catalogue.

EXPOSITIONS { PARTICULIÈRE : le Jeudi 16 Mars 1876,
PUBLIQUE : le Vendredi 17 Mars 1876.

DE UNE HEURE A CINQ HEURES.

CONDITIONS DE LA VENTE

La vente se fait au comptant.

L'acquéreur payera *cinq pour cent* en sus des enchères applicables aux frais.

Paris. — Imp. de Pillet fils aîné, 5, rue des Grands-Augustins.

TABLEAUX ANCIENS

Collection de M. SCHARF, de Vienne

EXPOSITION PARTICULIÈRE

DE

TABLEAUX ANCIENS

ET MODERNES

Hôtel Drouot, salle n° 1

Le Jeudi 16 Mars 1876, de 1 heure à 5 heures

COMMISSAIRE-PRISEUR	EXPERT
Me CHARLES PILLET	M. FÉRAL, peintre

Paris.— Typ. PILLET fils aîné, 5, rue des Grands-Augustins.

DÉSIGNATION

TABLEAUX ANCIENS

AST

(BALTHASAR VAN DER)

1619. — Utrecht.

1 — Fruits posés sur une table.

Des coings, des raisins avec leurs ceps et leurs feuilles dans une corbeille en osier ou sur un plateau en porcelaine ; auprès, des nèfles, des noix et autres fruits, le tout posé sur une table en partie couverte d'une nappe.

Signé : B. *Van der Ast*. F.

(Collection Gsell.)

Bois. Haut., 72 cent.; larg., 105 cent.

CODDE

(PIERRE)

XVIIe siècle. — La Haye.

2 — Les Danseurs.

Des dames et des seigneurs sont réunis dans un salon ; un peu sur la gauche, un personnage, portant un vêtement gris avec rubans et bas de soie rose, danse avec une jeune femme vêtue d'une robe en soie bleue brochée ; sur la droite, une jeune mère, en robe de satin noir avec large collerette de guipure rabattue sur ses épaules, est assise tenant une petite fillette sur ses genoux ; auprès d'elle son mari, vêtu d'un élégant costume également en satin noir, est debout ayant son chien près de lui ; au second plan, sont groupés trois dames et deux seigneurs qui chantent accompagnés de la mandoline ; à gauche, une table contre laquelle sont appuyés des instruments de musique.

Ce tableau, qui ne compte pas moins de 15 figures bien groupées, est de la plus remarquable finesse, du faire le plus précieux, il rappelle par sa composition les œuvres des Dirck Hals, J. le Duc, Palamèdes, etc.; mais l'exécution en est tellement supérieure que l'artiste peut être placé au premier rang des peintres de genre.

Comme aucun Musée d'Europe ne possède un tableau de ce maître peu connu, et dont la découverte est due à M. *Guillaume Bode*, nous croyons être utile aux conservateurs des *Collections européennes*, en leur désignant cette toile comme digne d'y figurer.

Bois. Haut., 49 cent.; larg., 76 cent.

Pieter Codde.

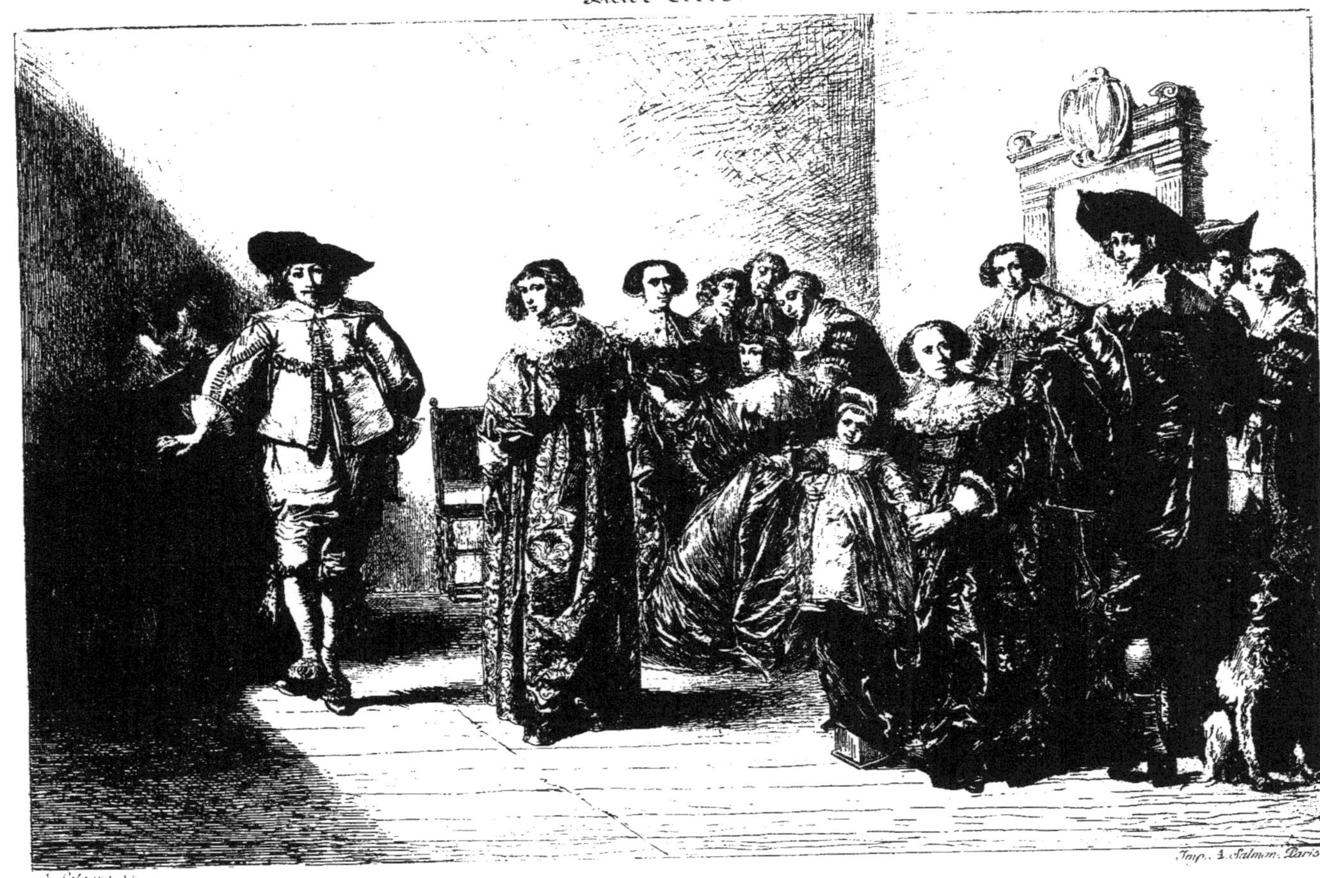

A. Lalauze sc.

Imp. A. Salmon. Paris

CODDE

(PIERRE)

3 — **Assemblée galante.** 2000

De nombreux personnages causent réunis dans un intérieur ; les uns assis, les autres debout, forment différents groupes ; au centre, deux danseurs ayant près d'eux une femme qui pince de la mandoline et un homme jouant de la flûte ; à droite, des vases, des plats d'or et d'argent, des instruments de musique appuyés contre une table couverte d'un tapis.

Dans le bas, un livre ouvert où se trouve le monogramme du peintre.

CP. et la date 1636.

Bois. Haut., 48 cent.; larg., 75 cent.

CUYP

(ALBERT)

1605-1691. — Dordrecht.

4 — **Vaches au bord d'une rivière.** 4300

C'est la fin d'une belle et chaude journée d'été ; le paysage et les animaux sont encore inondés par les rayons d'un soleil brûlant qui va disparaître à l'horizon ; à droite, une paysanne trait une vache pendant que d'autres entrent dans la rivière pour se désaltérer ; dans le fond, on aperçoit le clocher d'une église et quelques arbres se détachant sur un ciel chaud et vaporeux.

Ce tableau très-bien composé est d'une exécution ferme, quoique le ciel soit un peu repeint.

Signé : A. *Cuyp*.

Bois. Haut., 53 cent.; larg., 80 cent.

HALS

(DIRCK)

1589-1656. — Malines.

3 — **Assemblée galante.**

Trois musiciens au centre, jouant l'un de la basse, l'autre de la flûte, le troisième du violon, font danser un jeune couple pendant que de nombreux convives causent et boivent assis le long d'une table, qui occupe le fond de la salle; à gauche une femme élégamment vêtue ; un officier est debout auprès d'elle ; sur une estrade, un valet se disposant à servir un pâté.

Bois. Haut. 64 cent.; larg. 100 cent.

KEYSER

(THÉODORE de)

1630. — Amsterdam ou Utrecht.

6 — **Famille hollandaise.** 1500

Dans un intérieur éclairé par une fenêtre qui est sur la gauche, la mère assise donne la main à une petite fillette qui tient une pomme et la montre à sa sœur aînée qui s'approche d'elle; le père est debout, la main gauche posée sur le dossier de la chaise où sa femme est assise; dans le fond, un jeune garçon, accoudé sur une table, lit.

Bois. Haut., 59 cent.; larg., 73 cent.

MATON

XVIIe siècle.

7 — **Le Trompette.** 600

Il est sur le perron d'une maison à la porte cintrée entourée d'un cep de vigne, la main droite sur la hanche : il souffle dans son instrument appelant ainsi les convives.

Signé : *Mon.*

Bois. Haut., 28 cent.; larg., 22 cent.

NEER

(ARTHUR VAN DER)

1660.

8 — **Clair de lune.**

Le ciel nuageux, la lune en partie cachée par le toit d'une maison perce de ses rayons le feuillage léger de quelques arbres se réflétant dans une rivière qui coule au premier plan; un pêcheur, dans sa barque, prépare ses filets.

(Vente Sedelmeyer, Vienne 1872.)

Bois. Haut., 43 cent.; larg., 58 cent.

OSTADE

(ISAAC)

Né à Lubeck vers 1613. — On croit qu'il mourut vers 1654.

9 — **Kermesse.**

De nombreux villageois sont réunis devant une maison rustique; les uns boivent et fument assis autour d'une table, les autres entourent un joueur de violon qui fait danser deux villageois; sur le devant, un homme est étendu sur le sol, vu de dos; à droite, des porcs, des poules, un chien (etc.). Bon et important tableau du maître.

Signé en toutes lettres et daté 1642.

(Vente Sedelmeyer, Vienne 1872.)

Bois. Haut., 48 cent.; larg. 58 cent.

OSTADE

(ISAAC)

10 — **Villageois occupés à tuer un porc.** 1500

Groupés devant une maison de construction bizarre, deux hommes s'occupent à saigner un porc qui est couché dans une auge; deux villageois et quelques enfants qui les entourent, suivent avec un vif intérêt l'opération. — On aperçoit au second plan, sur la gauche, d'autres personnages; un homme prenant de l'eau à un puits.

Bon tableau du maître.

Signé en toutes lettres et daté 1641.

Bois. Haut., 48 cent.; larg., 61 cent.

PORBUS

(FRANÇOIS)

1570-1622. — Anvers.

11 — **Portrait d'un jeune homme.** 800

Vu jusqu'à la ceinture, la tête de trois-quarts tournée à gauche, cheveux châtains, barbe légère, vêtement noir, col rabattu, la main droite sur la poitrine.

Dans le fond, on lit : *Aetatis suae* 28 *anno Domini* 1591.

Bois. Haut., 63 cent.; larg., 45 cent.

POTTER

(PIERRE)

1631. — Enkhuizen.

800 12 — **Objets inanimés.**

Une mappemonde, des livres, une tête de mort, un violon, une montre, le tout posé sur une table.

Beau et intéressant tableau de cet artiste.

(Collection Gsell.)

Bois. Haut., 32 cent.; larg., 42 cent.

RUISDAEL

(JACQUES)

1625 ?-1681. — Haarlem.

8400 13 — **Entrée de forêt.**

Des chênes aux troncs noueux et brisés fléchissent sous le vent, se détachent sur un ciel nuageux longeant un chemin sombre, fuyant vers la droite, éclairé dans certains intervalles par le soleil pâle d'un jour de pluie ; au second plan, à gauche, des bucherons allument un feu ; vers le fond, une colline verdoyante au sommet de laquelle on aperçoit un moulin à vent. Ce tableau est décrit dans Smith's, catalogue raisonné. (Supplément pag. 701, n° 62.)

Collection Sir F. Baring Barbo, de Londres, exposé en 1839 au British Gallery.

(Vente Sedelmeyer, Vienne 1872.)

Toile. Haut., 1,02 cent.; larg., 1,22 cent.

Jacob Ruysdael.

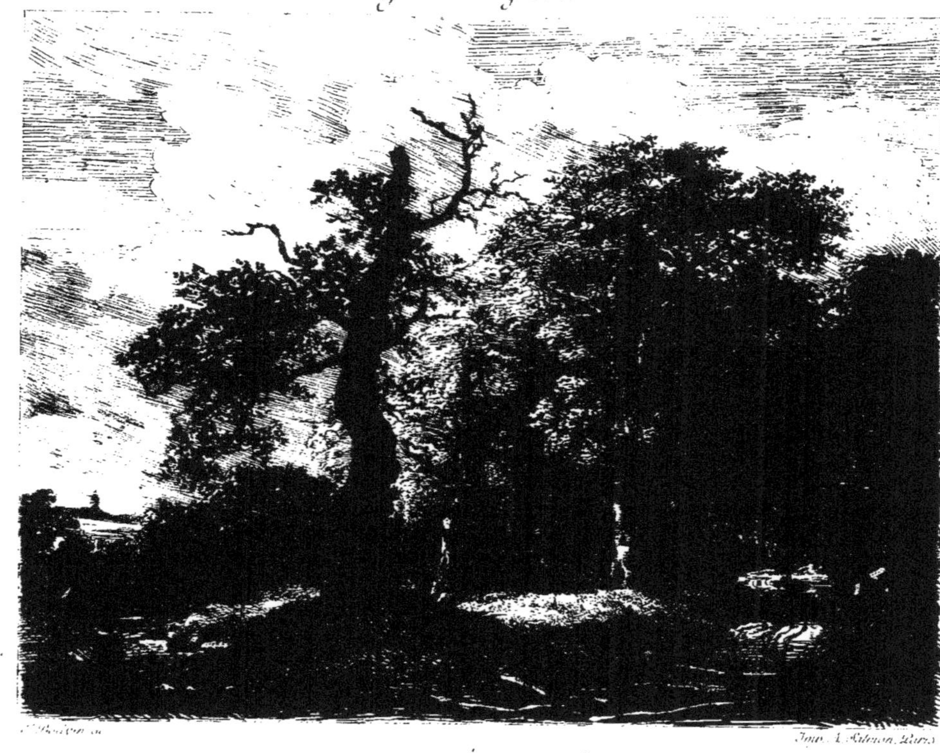

Imp. A. Salmon, Paris

STEEN

(JEAN VAN)

Né à Leyde, en 1636. — Mort à Delft, en 1689.

14 — Sujet tiré de l'histoire juive.

Ce tableau, qui provient de la vente Otto Mundler 27 novembre 1871, est ainsi décrit sous le n° 86 du catalogue :

Composition capitale. Seize figures : un roi sur un trône : peut-être, Assuérus recevant la dénonciation d'Aman ; Esther est prosternée aux pieds du monarque ; dans le fond, grand nombre de docteurs et de soldats.

Ce tableau est dans le genre biblique un des plus beaux que nous ayons vus de ce maître. Signé en toutes lettres sur l'une des colonnes du palais.

(Vente Sedelmeyer, Vienne 1872.)

Toile. Haut., 75 cent.; larg., 77 cent.

UCHTERVELDT

(JACOB)

1675.

15 — La Conversation.

Deux dames et trois seignenrs sont groupés autour d'une table ; l'un d'eux, homme d'armes, porte une cuirasse ; le bras gauche appuyé sur le dossier d'un fauteuil, il tient son chapeau.

Bon tableau de l'artiste rappelant les œuvres de Terburg.

Bois. Haut., 41 cent.; larg., 38 cent.

TABLEAUX MODERNES

Gérôme.

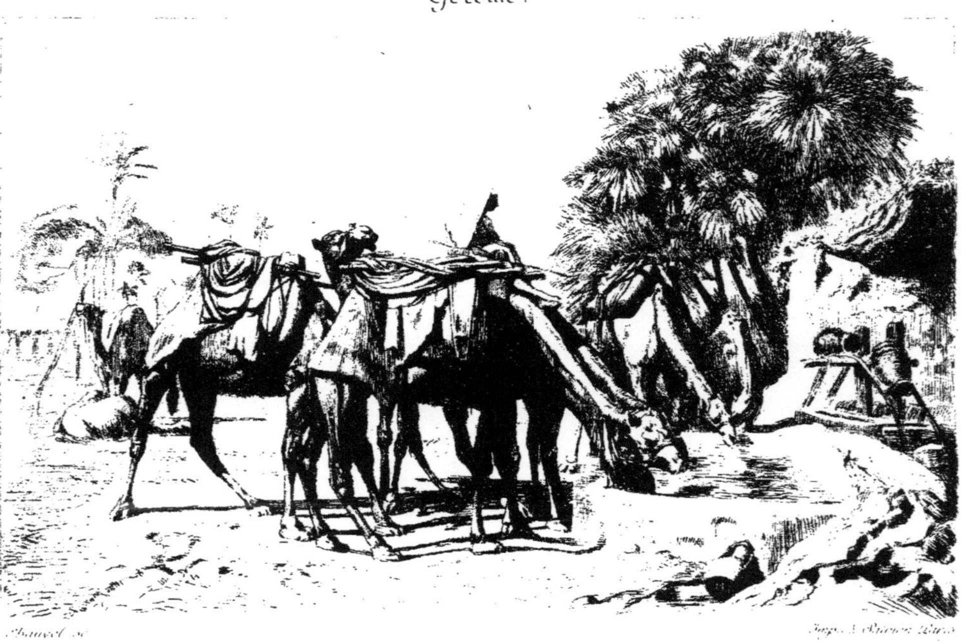

Chauvel sc. Imp. A. Salmon Paris

TABLEAUX MODERNES

GÉROME

(J. L.)

16 — **L'Abreuvoir.** 12000 Goupil

Auprès d'un mur en ruine, près duquel poussent des palmiers, une troupe de chameaux, conduits par un arabe monté sur l'un d'eux, se désaltèrent dans une auge de pierre alimentée par un puits. On aperçoit dans le fond des restes de monuments.

Signé *J. L. Gérome*, 1857.

Toile. Haut. 74 cent.; larg., 115 cent.

GIERYMSKI

(M.)

17 — **La Chasse.** 5500 Reitlinger

Par une belle journée de novembre, le ciel clair maisnuageux, les arbres dépouillés de leurs feuilles qui jonchent le sol, des cavaliers sont arrivés à l'entrée d'un bois, les piqueurs les accompagnent suivis d'une meute nombreuse; on aperçoit vers le fond les équipages qui débouchent d'une allée, les chasseurs vont au pas guidés par un cavalier monté sur un cheval blanc. On est frappé par la justesse de ton qui règne dans ce tableau : c'est la nature vraie avec toute sa finesse et sa poésie.

Nous ne doutons pas que les amateurs fassent un bon accueil à ce jeune artiste qui apparaît, nous croyons, pour la première fois, à l'hôtel Drouot.

Signé et daté 1871.

Toile. Haut., 65 cent.; larg., 118 cent.

KATE

(HERMAN TEN)

18 — La partie de campagne.

Trois jeunes couples se sont arrêtés à l'entrée d'un bois, ils causent joyeusement assis au pied de grands arbres, près desquels passe un léger cours d'eau; à gauche, un seigneur debout, vêtu de noir, cause avec une jeune femme qui tient une ombrelle.

Bois. Haut., 41 cent.; larg., 57 cent.

LAGYE

(VICTOR)

19 — **Faust et Marguerite au jardin.**

Faust, portant un élégant costume du moyen âge, tient Marguerite par la main et de son bras droit lui entoure la taille, la jeune fille l'écoute, et séduite se penche vers lui. Au second plan, Marthe donne le bras à Méphistophélès et se dirige vers la gauche.

Bois. Haut., 64 cent.; larg., 80 cent.

LAGYE

(VICTOR)

20 — **Marguerite, agenouillée devant la Mater Dolorosa, tient des fleurs qu'elle va placer dans un vase.**

« O daigne, daigne,
« Mère dont le cœur saigne,
« Pencher ton front vers ma douleur ! »
(*Faust*) de Goëthe.

Bois. Haut., 67 cent.; larg., 82 cent.

MUNKACSY

21 — **Paysage hongrois.**

A gauche, une chaumière et un moulin ; des paysans montés sur un chariot déchargent un sac de grains.

Bois. Haut., 36 cent.; larg, 65 cent.

PETTENKOFEN

22 — **Bohémiens hongrois.**

Ils font halte dans un pays plat au ton gris et monotone. Une mère allaite son nouveau-né debout appuyée contre le chariot sur lequel un tout jeune enfant est perché ; le père, étendu sur le sol, souffle le feu qui doit servir à préparer leur repas; deux jeunes garçons accroupis le regardent ; deux maigres chevaux, attelés au chariot, attendent patiemment. Dans le fond, d'autres chariots, près desquels sont groupés d'autres gens.

Bois. Haut., 34 cent.; larg., 50 cent.

Pettenkoffen.

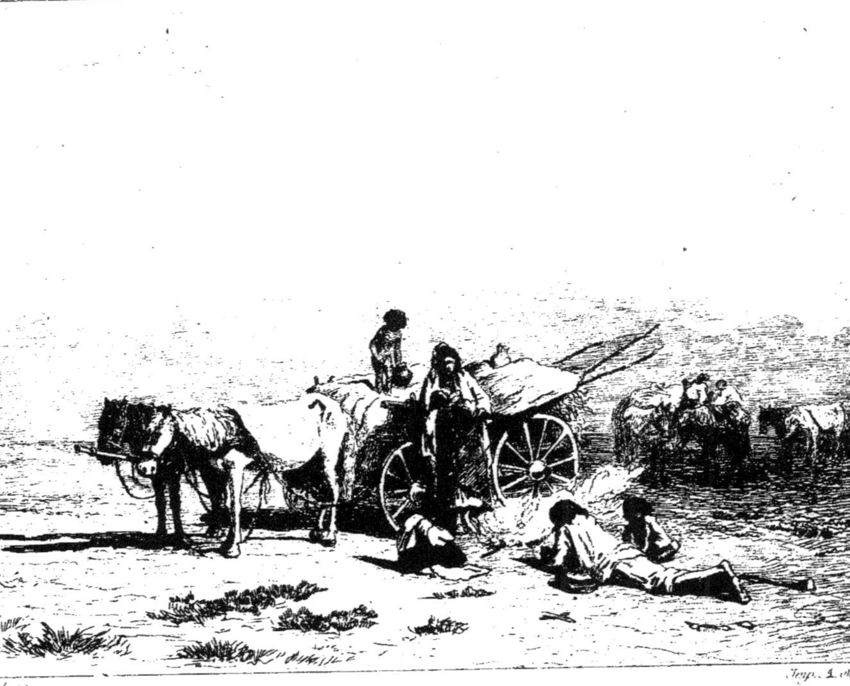

Imp. A. Salmon, Paris.

PETTENKOFEN

23 — **Village hongrois.**

Sur le devant, un chemin où passe un villageois chassant devant lui un troupeau de porcs.
(Collection Gsell.)

Bois. Haut. 27 cent.; larg., 41 cent.

VERSCHUUR

(W.)

24 — **Le Cerf mort.**

Il est pendu par les pattes, la tête appuyée sur le sol, sous la garde de deux chiens; un chasseur, la gibecière sur l'épaule, rentre au logis tenant un lièvre.

Charmant tableau de l'artiste d'une remarquable finesse.

Bois. Haut., 26 cent.; larg., 32 cent.

AQUARELLES

DECAMPS

25 — **Le Mendiant.**

Appuyé sur une béquille, un chiffon roulé autour de la tête, il porte une chemise déchirée ; une couverture rougeâtre posée sur son bras droit lui sert de manteau, il tend son chapeau aux passants en implorant leur pitié. Au second plan, une vieille femme assise sur une marche de pierre, auprès d'elle un jeune garçon accroupi.

Très-beau dessin au fusain gouaché.

Signé du monogramme et daté 45.

(Collection Gsell.)

Bois. Haut., 64 cent.; larg., 50 cent.

PETTENKOFEN

26 — Campement de Bohémiens.

Ils sont assis sous leur tente derrière laquelle se reposent deux maigres chevaux; un homme, vu de dos ayant un enfant nu assis à sa gauche, regarde une femme qui prépare leur repas; sur la droite, une mère allaite son enfant; une paysanne hongroise portant une cruche sur la tête s'est arrêtée pour les regarder.

Très-belle aquarelle signée en toutes lettres et datée 1853.

Bois. Haut., 00 cent.; larg., 00 cent.

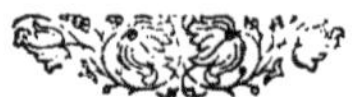

www.ingramcontent.com/pod-product-compliance
Ingram Content Group UK Ltd.
Pitfield, Milton Keynes, MK11 3LW, UK
UKHW022139260726
13993UKWH00005B/2046

9 782329 504179